Impressum
Verlag: BABADADA GmbH, Nedderfeld 112 , 22529 Hamburg
Geschäftsführer / Verlagsleitung: Harald Hof
Druck: Books on Demand GmbH, In de Tarpen 42, 22848 Norderstedt

Imprint
Publisher: BABADADA GmbH, Nedderfeld 112 , 22529 Hamburg, Germany
Managing Director / Publishing direction: Harald Hof
Print: Books on Demand GmbH, In de Tarpen 42, 22848 Norderstedt

escuela

el colegio

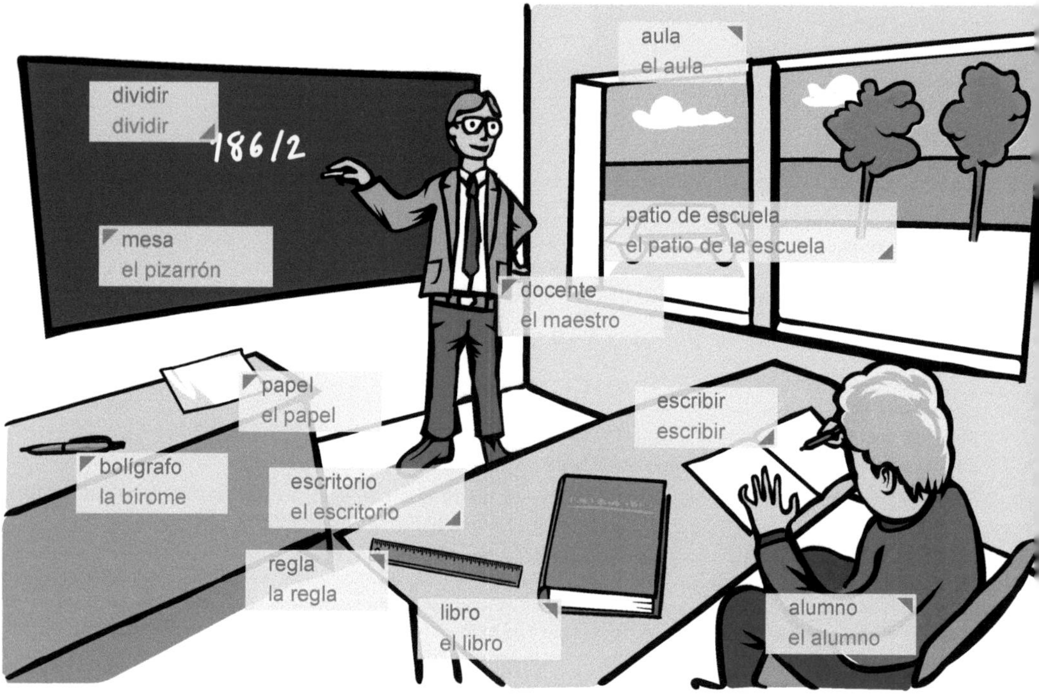

aula
el aula
dividir
dividir
186/2
mesa
el pizarrón
patio de escuela
el patio de la escuela
docente
el maestro
papel
el papel
escribir
escribir
bolígrafo
la birome
escritorio
el escritorio
regla
la regla
libro
el libro
alumno
el alumno

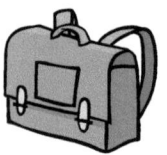

mochila escolar

la mochila

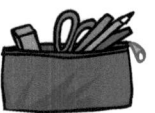

caja de lápices

la caja de lápices

lápiz

el lápiz

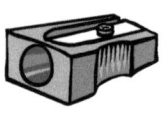

sacapuntas

el sacapuntas

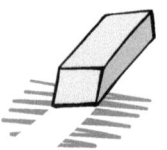

goma de borrar

la goma (de borrar)

bloc de dibujo

el bloc de dibujo

dibujo
el dibujo

pincel
el pincel

caja de pinturas
la caja de pinturas

tijera
la tijera

pegamento
el pegamento

libro de ejercicios
el cuaderno de ejercicios

tarea
la tarea

12

número
el número

2+2

sumar
sumar

5-2

restar
restar

2×2

multiplicar
multiplicar

calcular
calcular

A

letra
la letra

ABCDEFG
HIJKLMN
OPQRSTU
VWXYZ

alfabeto
el abecedario

hello

palabra
la palabra

texto

el texto

leer

leer

tiza

la tiza

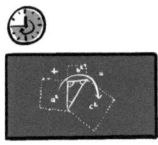

lección

la lección

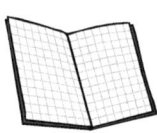

libro de clase

el cuaderno de clase

examen

el examen

certificado

el certificado

uniforme escolar

el uniforme escolar

educación

la educación

enciclopedia

la enciclopedia

universidad

la universidad

microscopio

el microscopio

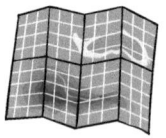

mapa

el mapa

cesto de papeles

el tacho (de basura)

viaje
el viaje

hotel
el hotel
Grand
albergue
el hostel
ROOMS
casa de cambio
la casa de cambio
EXCHANGE
maleta
la valija
auto
el auto

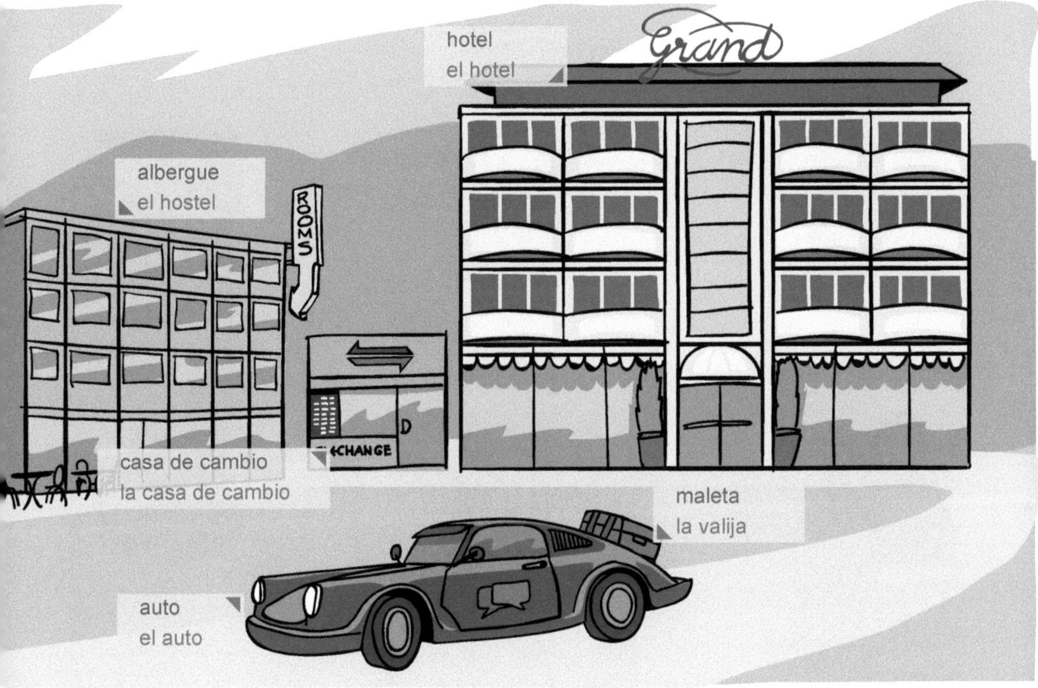

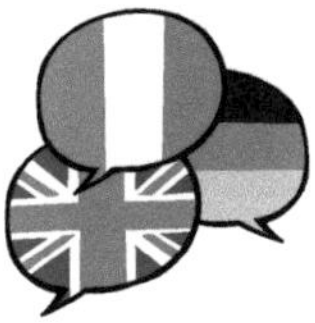

idioma

el idioma

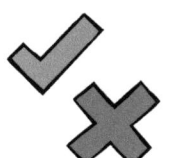

sí / no

sí / no

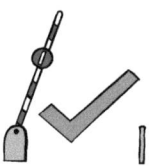

ok

Está bien

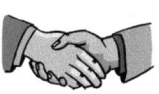

hola

hola

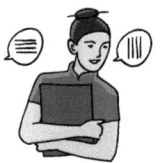

intérprete

el traductor

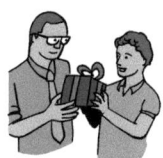

gracias

Gracias

¿Cuánto cuesta…?

¿cuánto cuesta…?

No entiendo

No entiendo

problema

el problema

¡Buenas tardes!

¡Buenas tardes!

¡Buenos días!

¡Buenos días!

¡Buenas noches!

¡Buenas noches!

adiós

el adiós

dirección

la dirección

equipaje

el equipaje

bolso

el bolso

mochila

la mochila

invitado

el invitado

cuarto

la habitación

saco de dormir

la bolsa de dormir

tienda de campaña

la carpa

información al turista
la información turística

playa
la playa

tarjeta de crédito
la tarjeta de crédito

desayuno
el desayuno

almuerzo
el almuerzo

cena
la cena

pasaje
el pasaje

ascensor
el ascensor

sello
el sello

límite
la frontera

aduana
la aduana

embajada
la embajada

visa
la visa

pasaporte
el pasaporte

transporte
el transporte

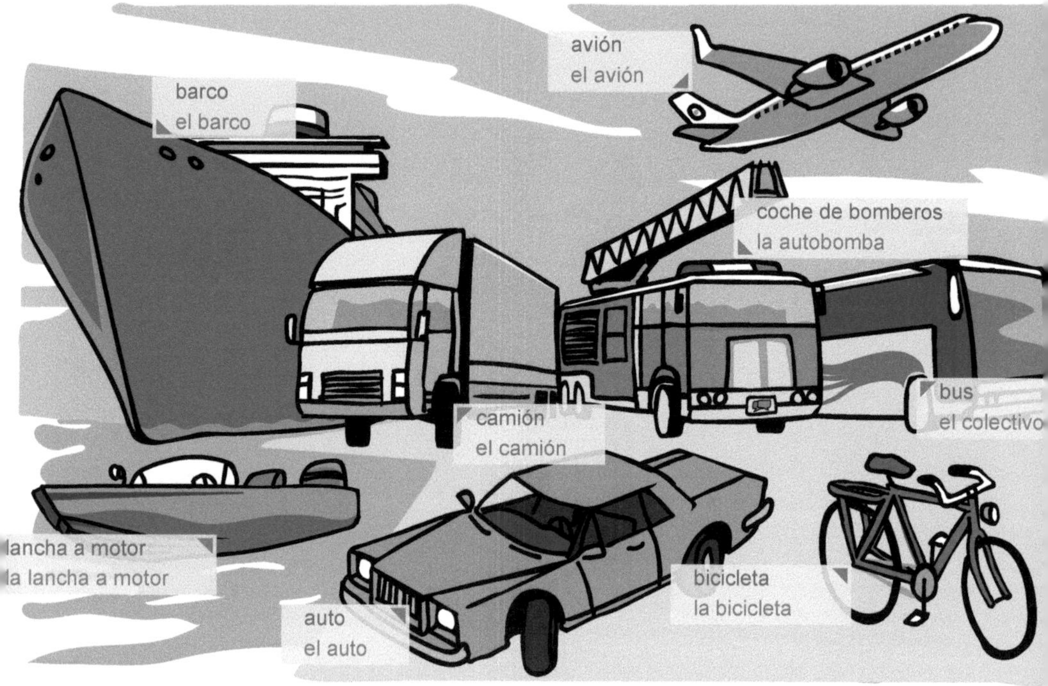

avión
el avión
barco
el barco
coche de bomberos
la autobomba
bus
el colectivo
camión
el camión
lancha a motor
la lancha a motor
bicicleta
la bicicleta
auto
el auto

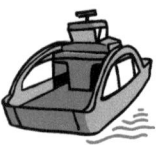

balsa
el ferry

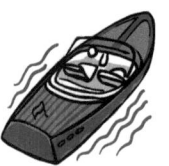

lancha
el bote

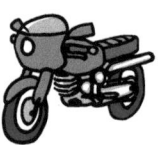

motocicleta
la moto

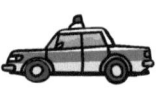

auto de policía
el patrullero

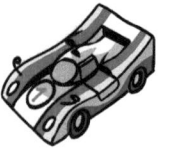

auto de carreras
el auto de carreras

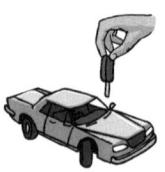

auto de alquiler
el auto de alquiler

alquiler de autos

el alquiler de autos

grúa

la grúa

vehículo recolector de basura

el camión de la basura

motor

el motor

gasolina

la nafta

gasolinera

la estación de servicio

señal de tráfico

la señal de tránsito

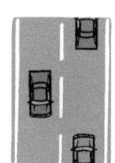

tránsito

el tránsito

atasco

el embotellamiento

estacionamiento

el estacionamiento

estación de tren

la estación de tren

carril

las vías

tren

el tren

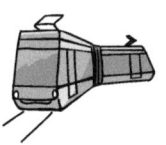

tranvía

el tranvía

vagón

el vagón

helicóptero

el helicóptero

aeropuerto

el aeropuerto

torre

la torre

pasajero

el pasajero

contenedor

el contenedor

caja de cartón

la caja de cartón

carro

la carretilla

cesta

la canasta

despegar / aterrizar

despegar / aterrizar

ciudad

la ciudad

aldea

el pueblo

centro de la ciudad

el centro de la ciudad

casa

la casa

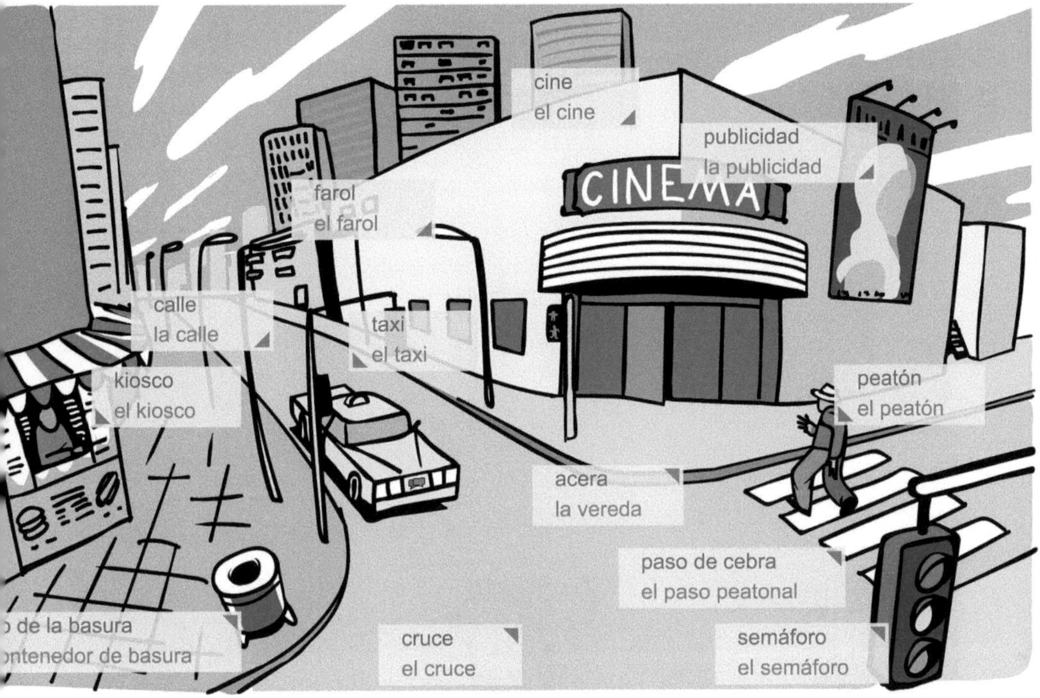

cine
el cine

publicidad
la publicidad

farol
el farol

calle
la calle

taxi
el taxi

kiosco
el kiosco

peatón
el peatón

acera
la vereda

paso de cebra
el paso peatonal

de la basura
ntenedor de basura

cruce
el cruce

semáforo
el semáforo

cabaña
la cabaña

apartamento
el departamento

estación de tren
la estación de tren

ayuntamiento
la municipalidad

museo
el museo

escuela
el colegio

universidad

la universidad

banco

el banco

hospital

el hospital

hotel

el hotel

farmacia

la farmacia

oficina

la oficina

librería

la librería

negocio

el negocio

florería

la florería

supermercado

el supermercado

mercado

el mercado

grandes almacenes

las grandes tiendas

pescadería

la pescadería

centro comercial

el centro comercial

puerto

el puerto

parque

el parque

banco

el banco

puente

el puente

escalera

las escaleras

metro

el subte

túnel

el túnel

parada de autobuses

la parada del colectivo

bar

el bar

restaurante

el restaurante

buzón de correo

el buzón

letrero

el letrero

parquímetro

el parquímetro

zoológico

el zoológico

piscina

la pileta

mezquita

la mezquita

granja
la granja

polución
la contaminación

cementerio
el cementerio

iglesia
la iglesia

parque infantil
los juegos infantiles

templo
el templo

paisaje
el paisaje

hoja
la hoja

indicador de camino
el poste indicador

sendero
el camino

pradera
la pradera

piedra
la piedra

árbol
el árbol

caminante
el excursionista

río
el río

pasto
la hierba

flor
la flor

valle

el valle

montaña

la montaña

lago

el lago

bosque

el bosque

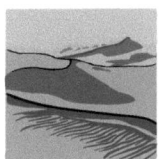

desierto

el desierto

volcán

el volcán

castillo

el castillo

arco iris

el arco iris

seta

el champiñón

palmera

la palmera

mosquito

el mosquito

mosca

la mosca

hormiga

la hormiga

abeja

la abeja

araña

la araña

escarabajo

el escarabajo

rana

la rana

ardilla

la ardilla

erizo

el erizo

liebre

la liebre

lechuza

la lechuza

pájaro

el pájaro

cisne

el cisne

jabalí

el jabalí

ciervo

el ciervo

alce

el alce

embalse

la presa

aerogenerador

el aerogenerador

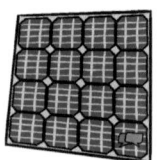

módulo solar

el panel solar

clima

el clima

restaurante

el restaurante

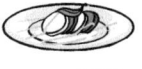

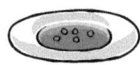

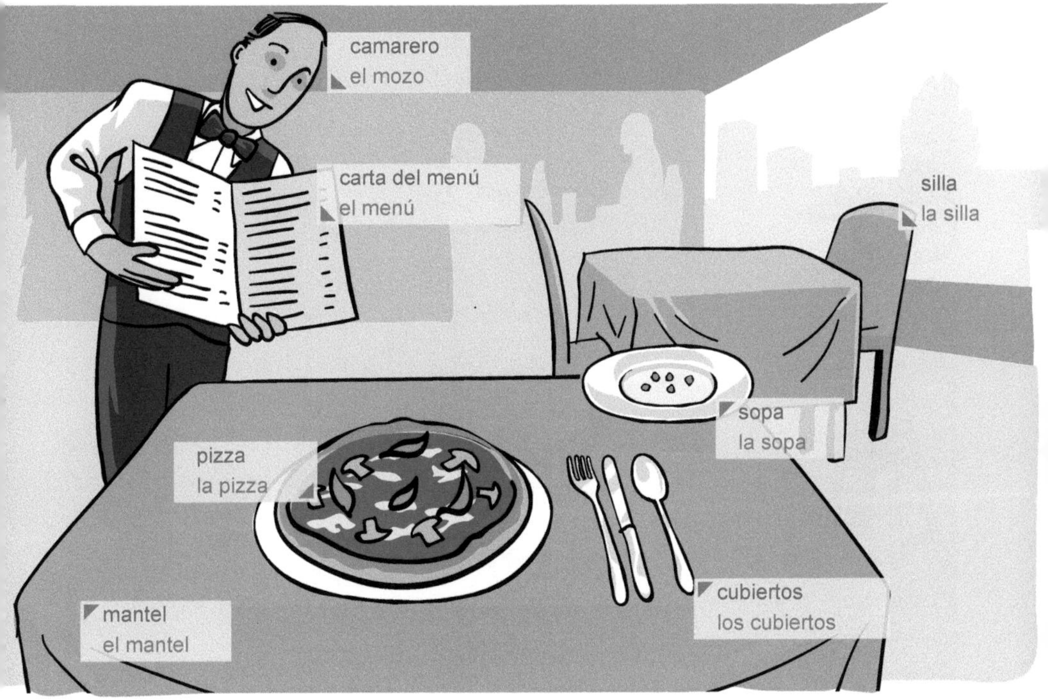
camarero
el mozo
carta del menú
el menú
silla
la silla
sopa
la sopa
pizza
la pizza
cubiertos
los cubiertos
mantel
el mantel

entrada

la entrada

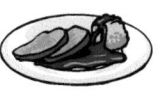

plato principal

el plato principal

postre

el postre

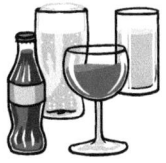

bebida

las bebidas

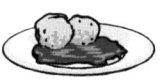

comida

la comida

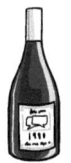

botella

la botella

comida rápida

la comida rápida

comida callejera

la comida callejera

tetera

la tetera

azucarera

la azucarera

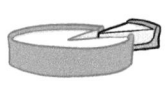

porción

la porción

máquina de espresso

la cafetera expreso

silla alta

la sillita alta

factura

la cuenta

bandeja

la bandeja

cuchillo

el cuchillo

tenedor

el tenedor

cuchara

la cuchara

cuchara de té

la cucharita

servilleta

la servilleta

vaso

el vaso

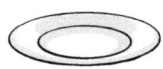

plato
el plato

plato de sopa
el plato hondo

platillo
el plato

salsa
la salsa

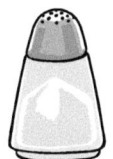

salero
el salero

molinillo para pimienta
el molinillo de pimienta

vinagre
el vinagre

aceite
el aceite

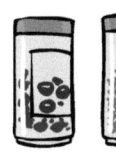

especias
las especias

ketchup
el kétchup

mostaza
la mostaza

mayonesa
la mayonesa

supermercado

el supermercado

oferta
la oferta especial
cliente
el cliente
productos lácteos
los lácteos
fruta
la fruta
carrito de compras
el changuito
FOR

BUTCHERS

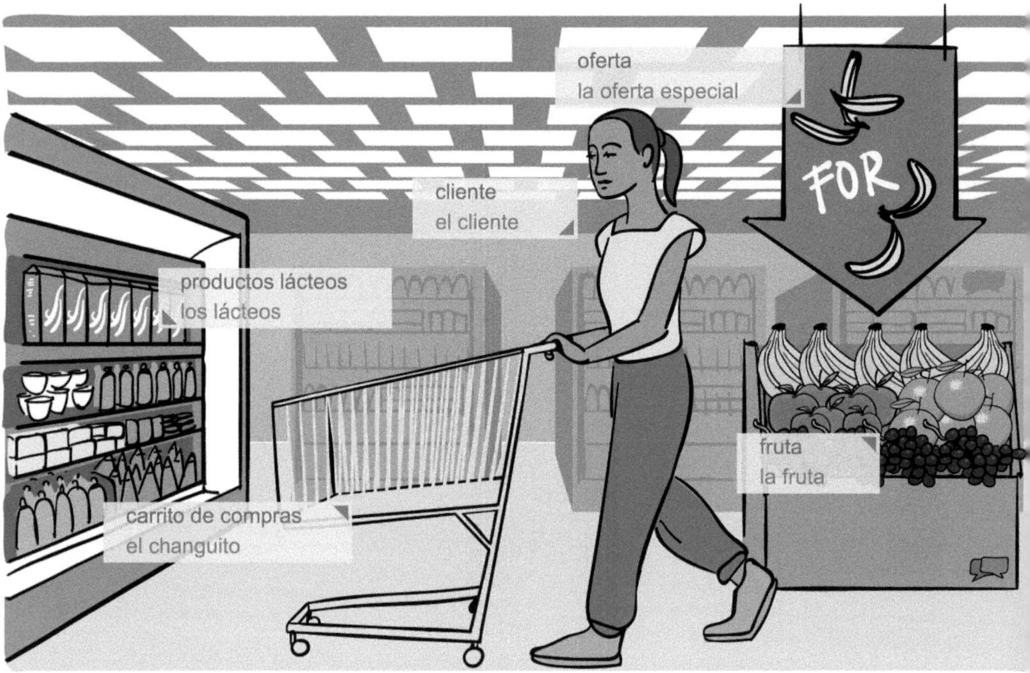

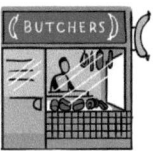

carnicería

la carnicería

BAKERY

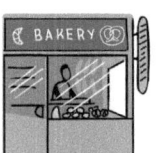

panadería

la panadería

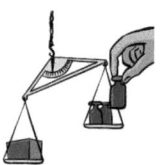

pesar

pesar

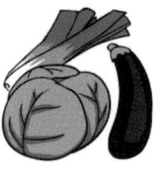

verdura

las verduras

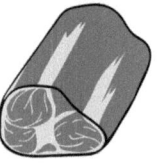

carne

la carne

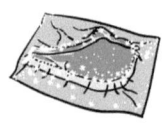

alimentos congelados

los alimentos congelados

fiambre

los fiambres

conservas

los alimentos enlatados

detergente en polvo

el detergente en polvo

dulces

las golosinas

artículos domésticos

los electrodomésticos

productos de limpieza

los productos de limpieza

vendedora

la vendedora

caja

la caja

cajero

el cajero

lista de compras

la lista de compras

horario de atención

el horario de atención

cartera

la billetera

tarjeta de crédito

la tarjeta de crédito

maleta

la cartera

bolsa plástica

la bolsa de plástico

supermercado - el supermercado

agua

el agua

jugo

el jugo

leche

la leche

refresco de cola

la bebida cola

vino

el vino

cerveza

la cerveza

alcohol

el alcohol

cacao

el cacao

té

el té

café

el café

espresso

el café expreso

cappuccino

el cappuccino

banana

la banana

manzana

la manzana

naranja

la naranja

sandía

el melón

limón

el limón

zanahoria

la zanahoria

ajo

el ajo

bambú

el bambú

cebolla

la cebolla

seta

el champiñón

nueces

las nueces

fideos

los fideos

espagueti

los tallarines

arroz

el arroz

ensalada

la ensalada

patatas fritas

las papas fritas

patatas salteadas

las papas fritas

pizza

la pizza

hamburguesa

la hamburguesa

sándwich

el sándwich

escalope

el churrasco

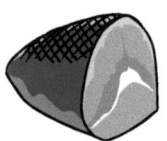

jamón

el jamón

salame

el salame

embutido

la salchicha

pollo

el pollo

asado

el asado

pescado

el pescado

copos de avena

los copos de avena

musli

el muesli

copos de maíz tostado

los copos de maíz

harina

la harina

croissant

la medialuna

panecillo

el pancito

pan

el pan

tostada

la tostada

galletas

las galletitas

mantequilla

la manteca

cuajada

la cuajada

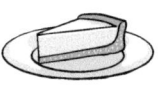

pastel

la torta

huevo

el huevo

huevo frito

el huevo frito

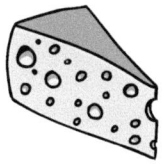

queso

el queso

comida - la comida

helado

el helado

azúcar

el azúcar

miel

la miel

mermelada

la mermelada

praliné

la pasta de chocolate

curry

el curry

granja

la granja

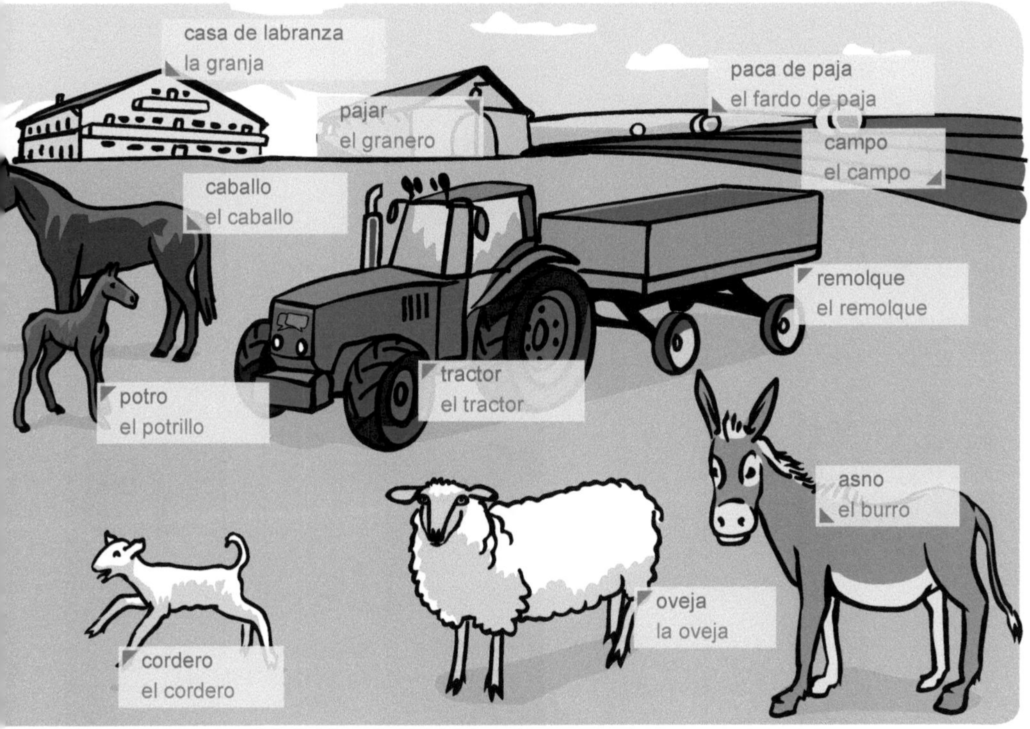

casa de labranza
la granja
pajar
el granero
paca de paja
el fardo de paja
campo
el campo
caballo
el caballo
remolque
el remolque
tractor
el tractor
potro
el potrillo
asno
el burro
oveja
la oveja
cordero
el cordero

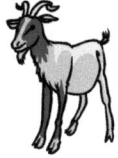

cabra

la cabra

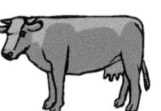

vaca

la vaca

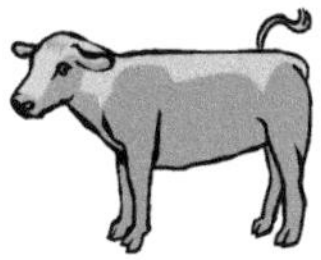

ternero

el ternero

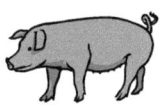

cerdo

el cerdo

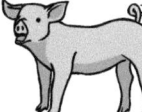

lechón

el lechón

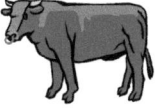

toro

el toro

ganso

el ganso

pato

el pato

polluelo

el pollo

pollo

la gallina

gallo

el gallo

rata

la rata

gato

el gato

ratón

el ratón

buey

el buey

perro

el perro

caseta del perro

la cucha

manguera de riego

la manguera

regadera

la regadera

guadaña

la guadaña

arado

el arado

hoz

la hoz

azada

la azada

bieldo

la horquilla

hacha

el hacha

carretilla

la carretilla

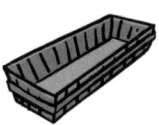

abrevadero

el abrevadero

lechera

la lechera

saco

la bolsa

cerca

la reja

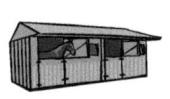

establo

el establo

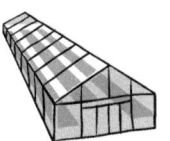

invernadero

el invernadero

suelo

el suelo

semilla

la semilla

fertilizante

el fertilizador

cosechadora

la cosechadora

cosechar
cosechar

cosecha
la cosecha

raíz de ñame
las batatas

trigo
el trigo

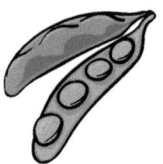

soja
la soja

patata
la papa

maíz
el maíz

colza
la semilla de colza

Árbol frutal
el árbol frutal

mandioca
la mandioca

cereales
los cereales

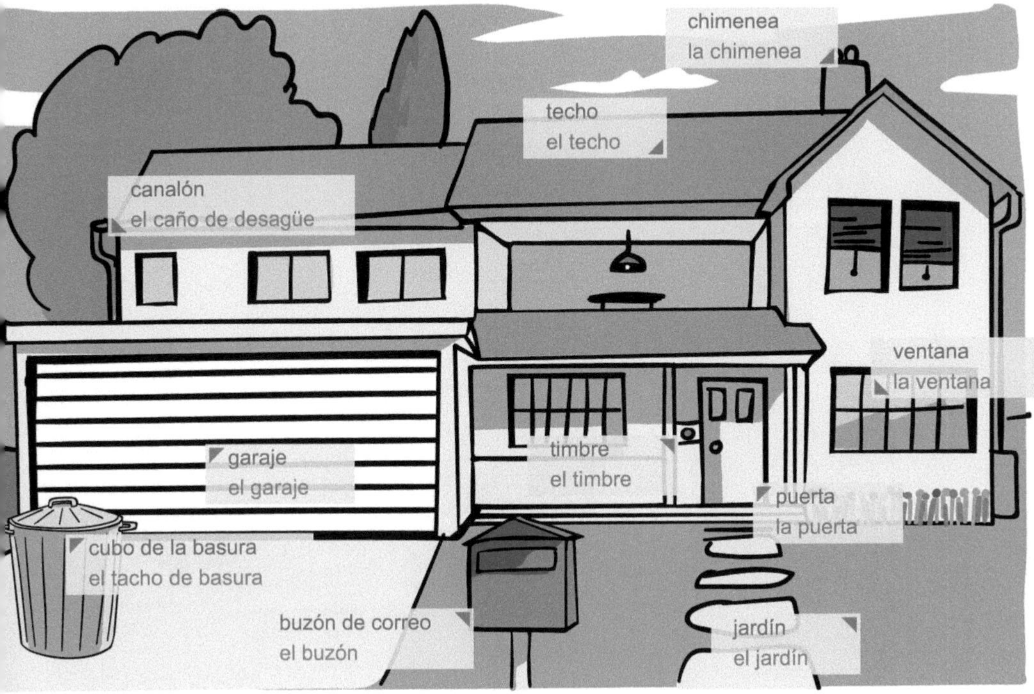

chimenea
la chimenea

techo
el techo

canalón
el caño de desagüe

ventana
la ventana

garaje
el garaje

timbre
el timbre

puerta
la puerta

cubo de la basura
el tacho de basura

buzón de correo
el buzón

jardín
el jardín

cuarto de estar

el living

cuarto de baño

el baño

cocina

la cocina

dormitorio

el dormitorio

cuarto de los niños

el cuarto de los chicos

comedor

el comedor

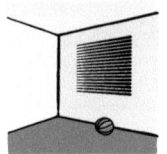

piso
....
el piso

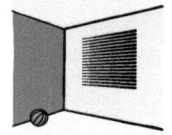

pared
....
la pared

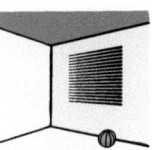

cielorraso
....
el cielorraso

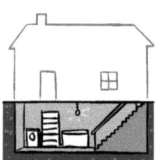

sótano
....
el sótano

sauna
....
el sauna

balcón
....
el balcón

terraza
....
la terraza

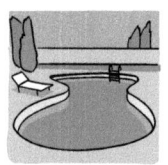

piscina
....
la pileta

cortacésped
....
la cortadora de pasto

funda nórdica
....
la sábana

edredón
....
el acolchado

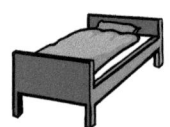

cama
....
la cama

escoba
....
la escoba

cubo
....
el balde

interruptor
....
el interruptor

cuarto de estar
el living

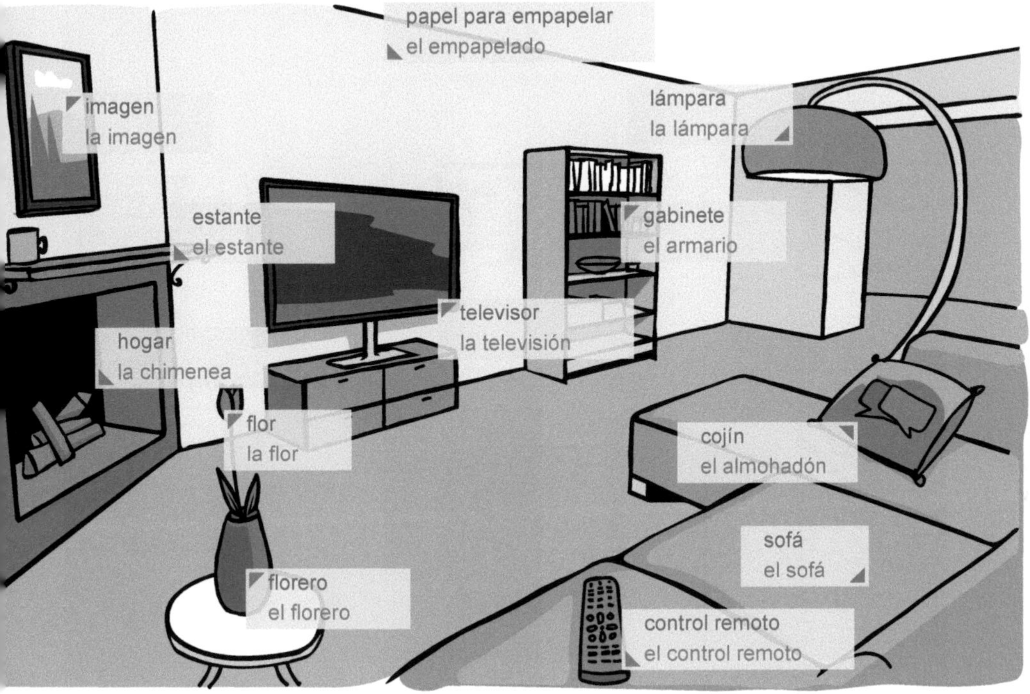

papel para empapelar
el empapelado
imagen
la imagen
lámpara
la lámpara
estante
el estante
gabinete
el armario
televisor
la televisión
hogar
la chimenea
flor
la flor
cojín
el almohadón
sofá
el sofá
florero
el florero
control remoto
el control remoto

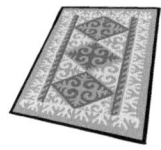

alfombra

la alfombra

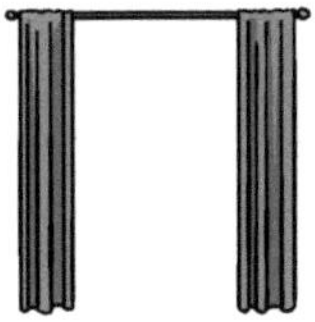

cortina

la cortina

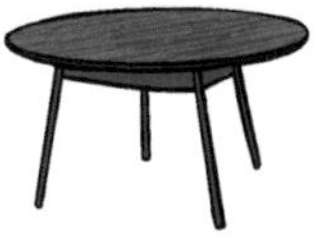

mesa

la mesa

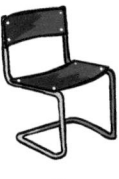

silla

la silla

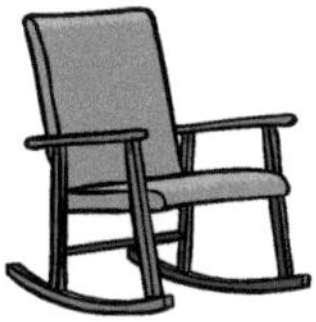

mecedora

la mecedora

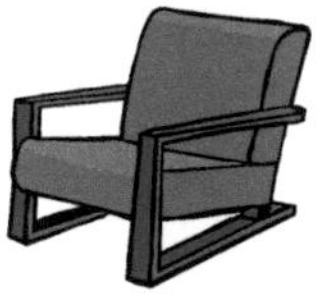

sillón

el sillón

libro
....
el libro

frazada
....
la frazada

decoración
....
la decoración

leña
....
la leña

film
....
la película

equipo estereofónico
....
el equipo de música

llave
....
la llave

periódico
....
el diario

cuadro
....
la pintura

póster
....
el póster

radio
....
la radio

bloc de notas
....
el cuaderno

aspiradora
....
la aspiradora

cactus
....
el cactus

vela
....
la vela

cocina

la cocina

nevera
la heladera
horno microondas
el microondas
balanza de cocina
la balanza de cocina
tostador
la tostadora
detergente
el detergente
horno
el horno
congelador
el freezer
cubo de la basura
el tacho de basura
lavaplatos
el lavaplatos

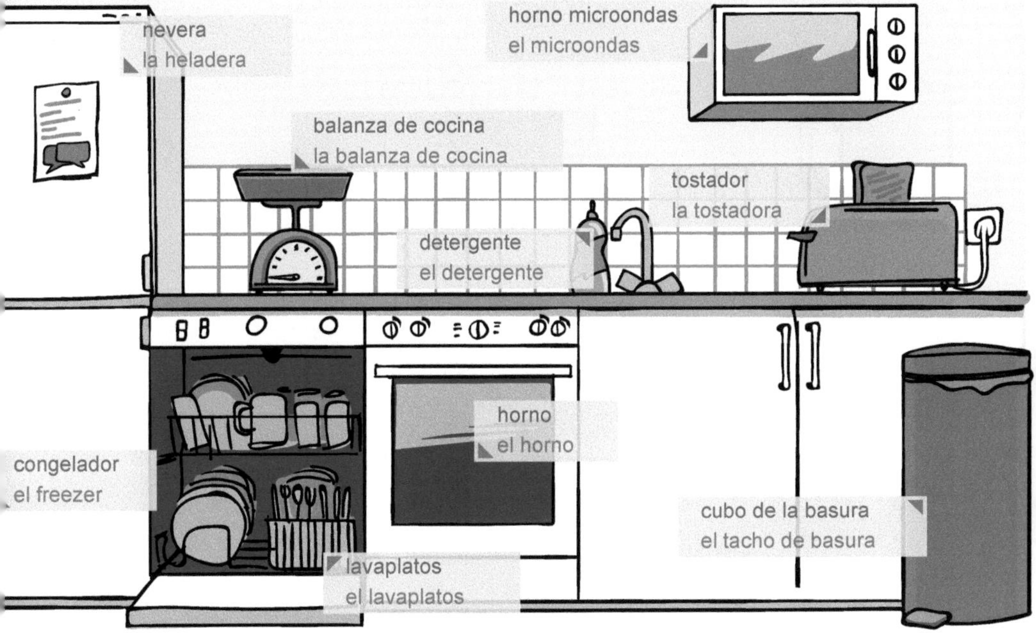

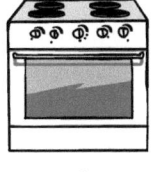

cocina

la cocina

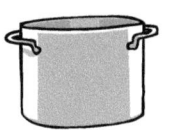

olla

la olla

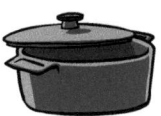

olla de fundición de hierro

la olla de hierro fundido

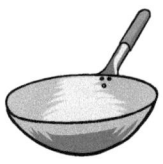

wok / kadai

el wok

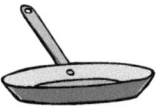

sartén

la sartén

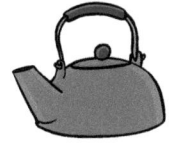

hervidor de agua

la pava

olla de vapor

la vaporera

bandeja de horno

la bandeja de horno

vajilla

la vajilla

vaso

la taza

bol

el bol

palillos para comer

los palitos

cucharón de sopa

el cucharón

espátula

la espátula

batidor

la batidora

colador

el colador

cedazo

el colador

rallador

el rallador

mortero

el mortero

parrillada

la parrilla

fogata

la fogata

tabla de picar

la tabla de picar

rodillo

el palo de amasar

sacacorchos

el sacacorchos

lata

la lata

abrelatas

el abrelatas

agarrador

la manopla

fregadero

la pileta

cepillo

el cepillo

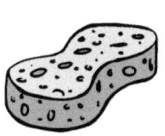

esponja

la esponja

batidora

la batidora

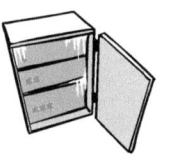

arcón congelador

el congelador

biberón

la mamadera

grifo

la canilla

cuarto de baño

el baño

calefacción
la calefacción
toalla
la toalla
ducha
la ducha
cortina para ducha
la cortina de la ducha
baño de espuma
el baño de espuma
bañera
la bañadera
lavadora
el lavarropas
vaso
el vaso
grifo
la canilla
baldosa
las baldosas
orinal
la pelela
fregadero
la pileta

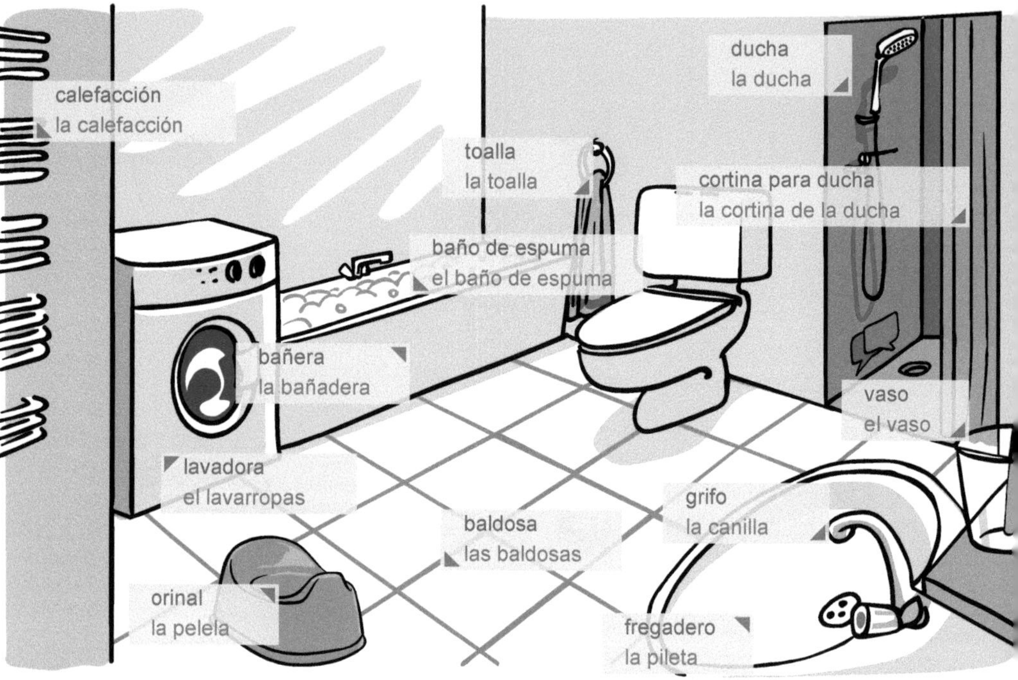

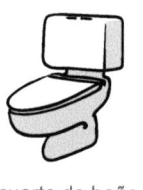

cuarto de baño

el inodoro

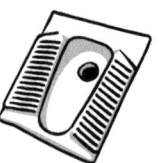

placa turca

la letrina

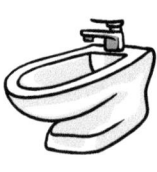

bidé

el bidé

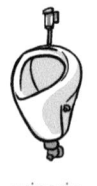

urinario

el mingitorio

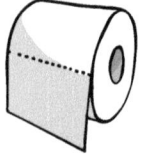

papel higiénico

el papel higiénico

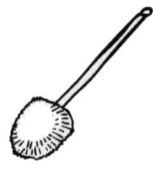

escobilla para el cuarto de baño

el cepillo para el inodoro

cepillo de dientes

el cepillo de dientes

pasta dentífrica

el dentífrico

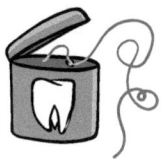

seda dental

el hilo dental

lavar

lavar

ducha teléfono

la ducha de mano

ducha higiénica

la ducha higiénica

cuenco

la palangana

cepillo para la espalda

el cepillo para la espalda

jabón

el jabón

gel de ducha

el gel de ducha

champú

el shampoo

manopla para baño

la toallita

desagüe

el desagüe

crema

la crema

desodorante

el desodorante

espejo

el espejo

espejo de maquillaje

el espejito

máquina de afeitar

la maquinita de afeitar

espuma de afeitar

la espuma de afeitar

loción para después del
afeitado

el aftershave

peine

el peine

cepillo

el cepillo

secador para cabello

el secador de pelo

laca de peinado

el spray

maquillaje

el maquillaje

lápiz labial

el lápiz de labios

laca para uñas

el esmalte para uñas

algodón

el algodón

tijera para uñas

la tijera para uñas

perfume

el perfume

neceser

el portacosméticos

taburete

la banqueta

balanza

la balanza

bata de baño

la bata

guantes de goma

los guantes de goma

tampón

el tampón

compresa

la toallita femenina

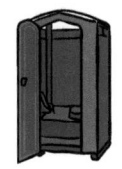

wáter químico

el baño químico

cuarto de los niños

el cuarto de los chicos

despertador
el despertador
animal de peluche
el peluche
auto de juguete
el coche de juguete
sonajero
el sonajero
casa de muñecas
la casa de muñecas
obsequio
el regalo

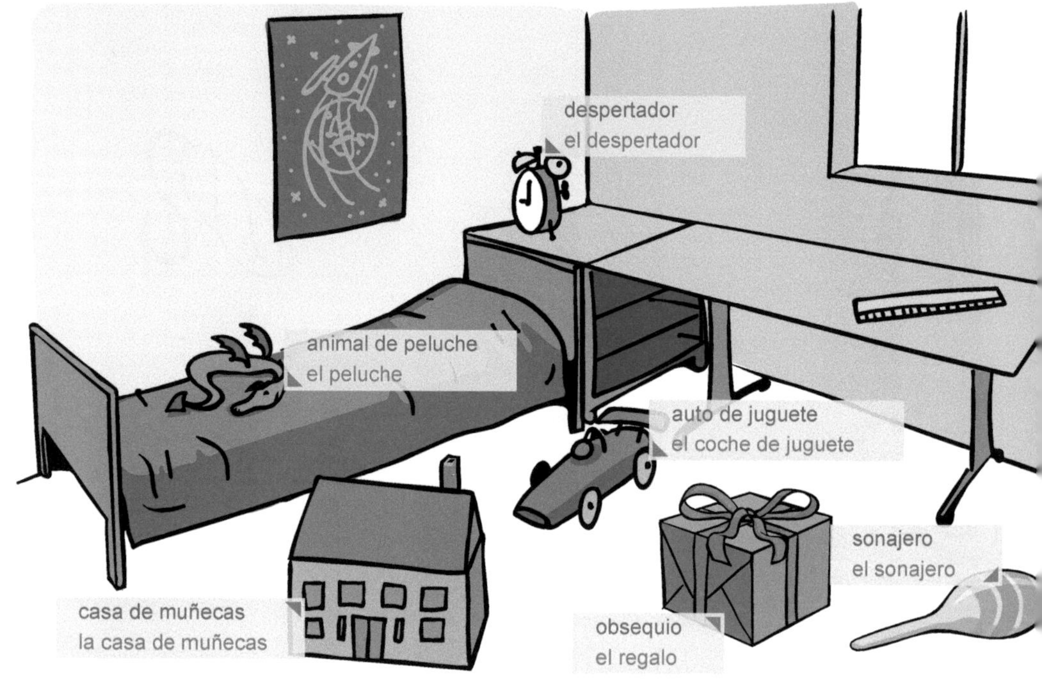

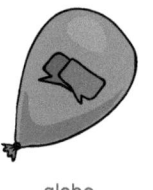

globo

el globo

cama

la cama

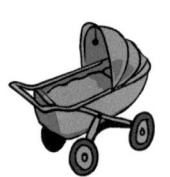

cochecito para niños

el cochecito

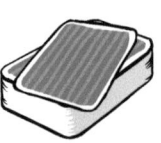

juego de barajas

las cartas

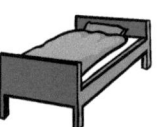

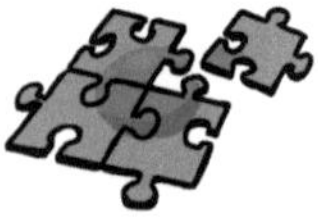

rompecabezas

el rompecabezas

SUPER
MEGA

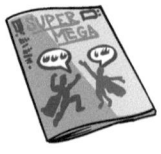

cómic

la historieta

piezas de Lego

las piezas de lego

bloques para jugar

los ladrillos de juguete

figura de acción

la figura de acción

pijama de una pieza

el enterito (de bebé)

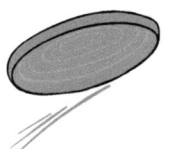

frisbee

el frisbee

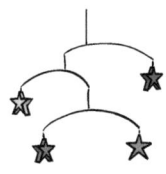

móvil

el móvil para bebés

juego de mesa

el juego de mesa

dado

los dados

tren eléctrico a escala

el tren eléctrico

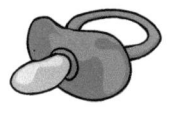

chupete

el chupete

fiesta

la fiesta

libro de dibujos

el libro de cuentos ilustrado

pelota

la pelota

títere

la muñeca

jugar

jugar

arenero

el arenero

columpio

la hamaca

juguetes

los juguetes

consola de videojuego

la consola de videojuegos

triciclo

el triciclo

osito de peluche

el osito de peluche

guardarropa

el armario

vestimenta

la ropa

calcetines

las medias

medias

las medias panty

panti

las calzas

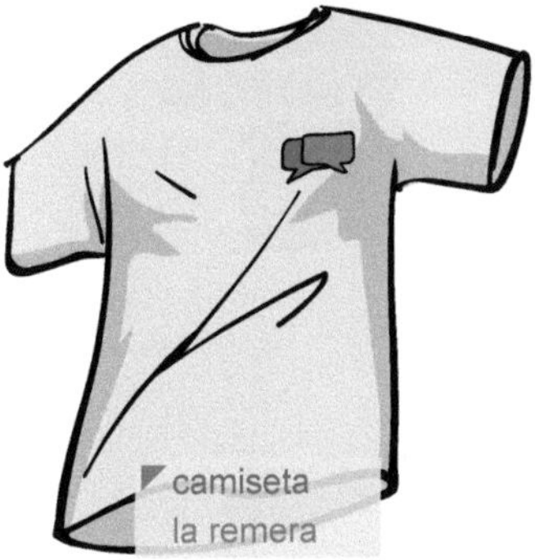

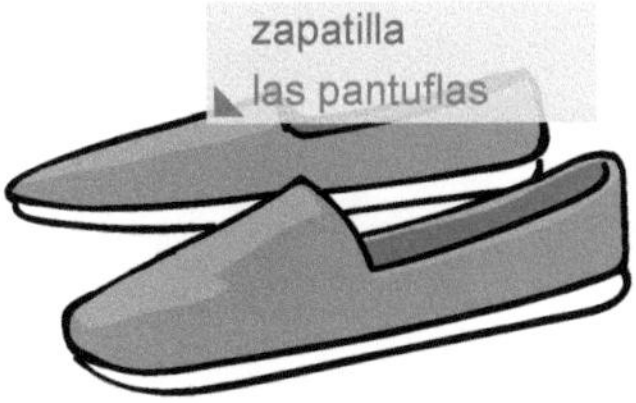

chal
la bufanda

paraguas
el paraguas

camiseta
la remera

cinturón
el cinturón

botas
las botas

zapatilla
las pantuflas

deportivas
las zapatillas

sandalias
....
las sandalias

zapatos
....
los zapatos

botas de goma
....
las botas de goma

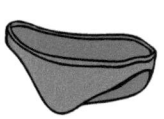

ropa interior
....
la ropa interior

corpiño
....
el corpiño

camiseta
....
el chaleco

body
el body

pantalón
los pantalones

jeans
los jeans

falda
la pollera

blusa
la blusa

camisa
la camisa

pullover
el pulóver

sweater
el buzo

blazer
el blazer

chaqueta
la campera

abrigo
el tapado

impermeable
el piloto

traje chaqueta
el traje

vestido
el vestido

vestido de bodas
el vestido de novia

traje

el traje

camisón

el camisón

pijama

el pijama

sari

el sari

pañuelo de cabeza

el pañuelo para la cabeza

turbante

el turbante

burka

la burka

caftán

el caftán

abaya

la abaya

traje de baño

el traje de baño

bañador

el short de baño

shorts

los shorts

chándal

el jogging

delantal

el delantal

guante

los guantes

vestimenta - la ropa

botón

el botón

gafa

los anteojos

brazalete

la pulsera

cadena

el collar

anillo

el anillo

aro

el aro

gorra

la gorra

percha

la percha

sombrero

el sombrero

corbata

la corbata

cierre a cremallera

el cierre

casco

el casco

tiradores

los tiradores

uniforme escolar

el uniforme escolar

uniforme

el uniforme

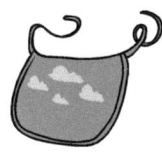

babero

el babero

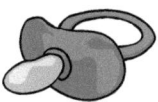

chupete

el chupete

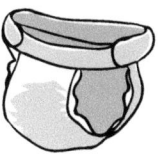

pañal

el pañal

oficina
la oficina

servidor
el servidor
archivador
el archivero
impresora
la impresora
papel
el papel
monitor
el monitor
ratón
el mouse
escritorio
el escritorio
carpeta
la carpeta
teclado
el teclado
silla
la silla
cesto de papeles
el tacho (de basura)
ordenador
la computadora

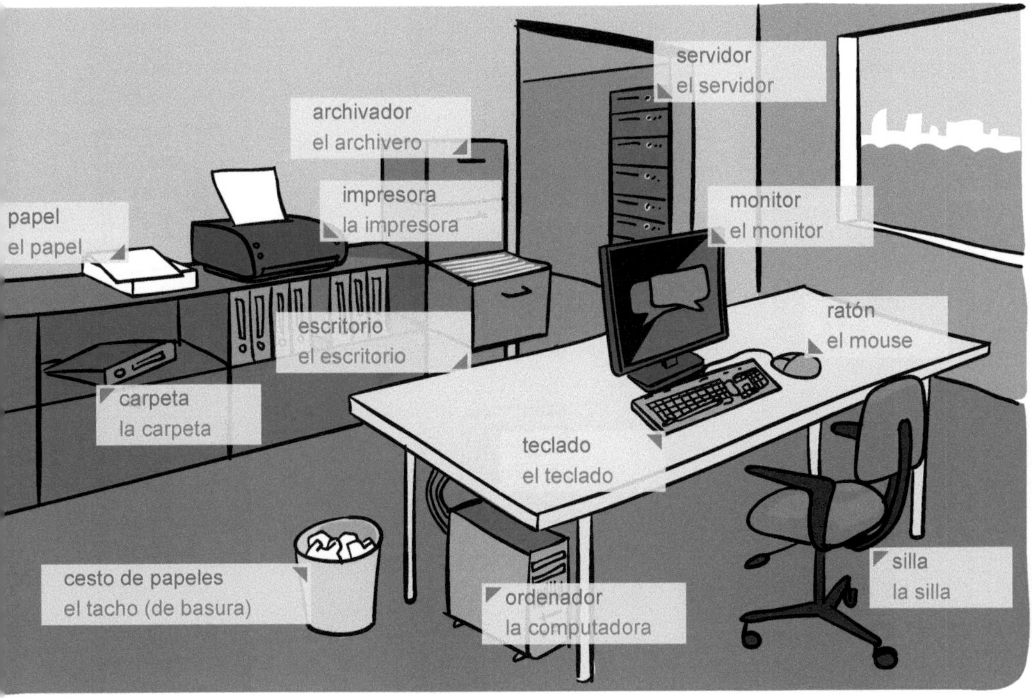

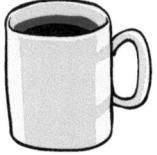

taza de café

la taza de café

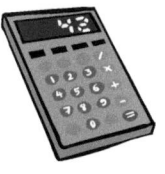

calculadora

la calculadora

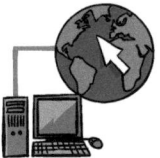

internet

el internet

laptop

la laptop

carta

la carta

mensaje

el mensaje

teléfono móvil

el celular

red

la red

fotocopiadora

la fotocopiadora

software

el software

teléfono

el teléfono

tomacorriente

el tomacorriente

máquina de fax

el fax

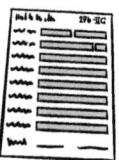

formulario

el formulario

documento

el documento

comprar

comprar

pagar

pagar

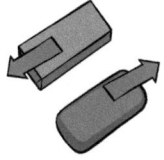

comerciar

hacer negocios

dinero

el dinero

 USD

dólar

el dólar

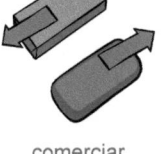 EUR

euro

el euro

 JPY

yen

el yen

 RUB

rublo

el rublo

 CHF

franco

el franco suizo

 CNY

renminbi

el yuan

 INR

rupia

la rupia

cajero automático

el cajero automático

casa de cambio

la casa de cambio

oro

el oro

plata

la plata

petróleo

el petróleo

energía

la energía

precio

el precio

contrato

el contrato

impuesto

el impuesto

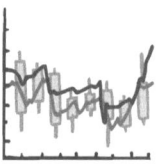

acción

la acción

trabajar

trabajar

empleado

el empleado

empleador

el empleador

fábrica

la fábrica

negocio

el negocio

economía - la economía

ocupaciones
las ocupaciones

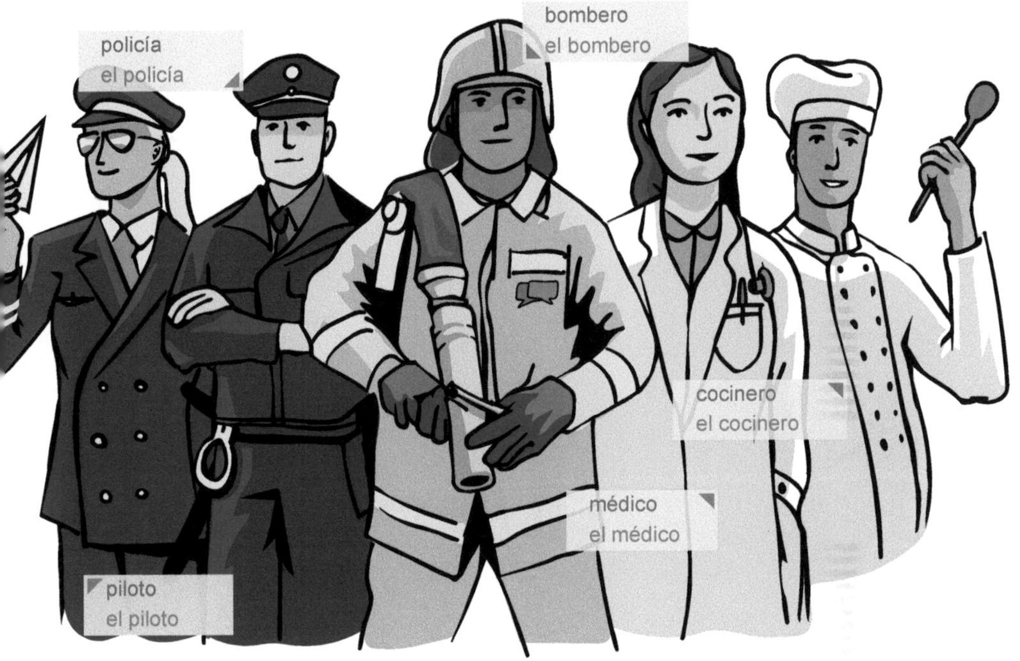
policía
el policía
bombero
el bombero
cocinero
el cocinero
médico
el médico
piloto
el piloto

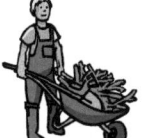

jardinero

el jardinero

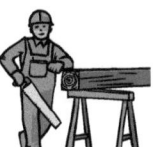

carpintero

el carpintero

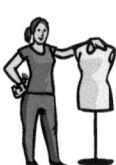

costurera

la modista

juez

el juez

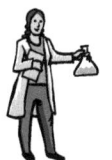

químico

el farmacéutico

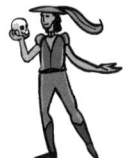

actor

el actor

conductor de autobús

el colectivero

taxista

el taxista

pescador

el pescador

mujer de la limpieza

la mucama

techista

el techista

camarero

el mozo

cazador

el cazador

pintor

el pintor

panadero

el panadero

electricista

el electricista

albañil

el albañil

ingeniero

el ingeniero

carnicero

el carnicero

fontanero

el plomero

cartero

el cartero

soldado

el soldado

arquitecto

el arquitecto

cajero

el cajero

florista

el florista

peluquero

el peluquero

cobrador

el cobrador

mecánico

el mecánico

capitán

el capitán

odontólogo

el dentista

científico

el científico

rabino

el rabino

imam

el imán

monje

el monje

párroco

el sacerdote

herramientas
las herramientas

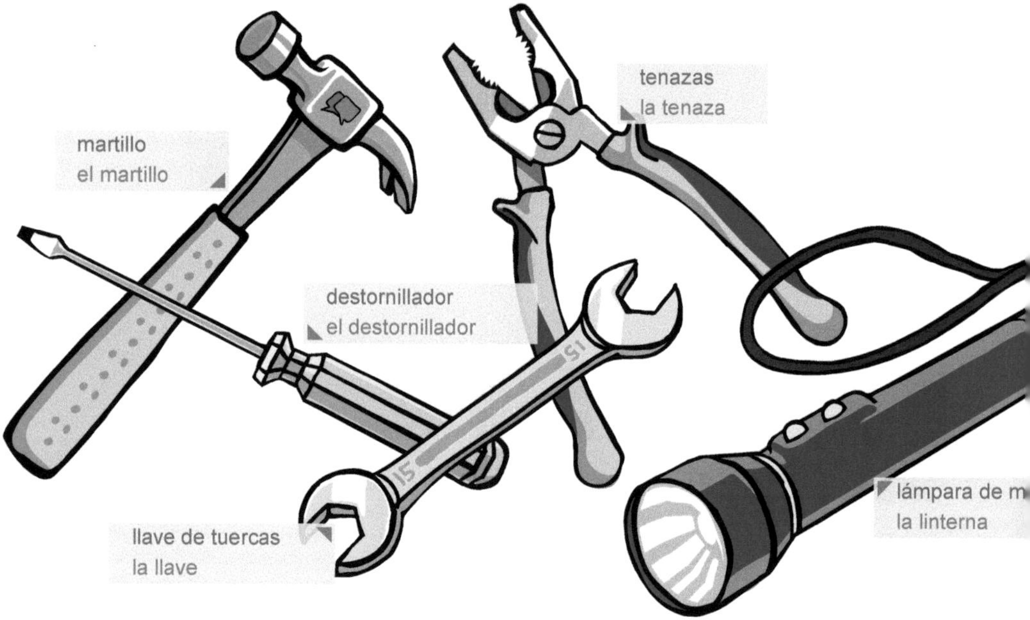
martillo
el martillo
tenazas
la tenaza
destornillador
el destornillador
llave de tuercas
la llave
lámpara de m
la linterna

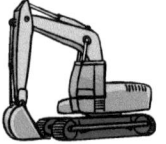

excavadora

la excavadora

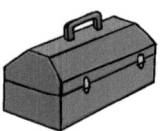

caja de herramientas

la caja de herramientas

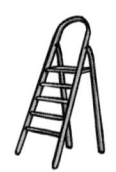

escalerilla

la escalera portátil

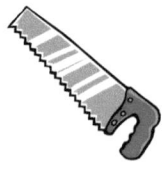

serrucho

la sierra

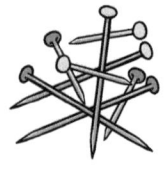

clavos

los clavos

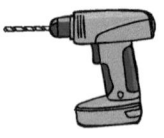

taladro

el taladro

reparar
arreglar

pala
la pala de jardín

¡Maldición!
¡Qué bronca!

recogedor
la pala de plástico

lata de pintura
el tacho de pintura

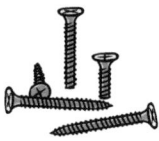

tornillos
los tornillos

instrumentos musicales
los instrumentos musicales

batería
la batería

altavoz
el parlante

guitarra
la guitarra

contrabajo
el contrabajo

trompeta
la trompeta

piano

el piano

violín

el violín

bajo

el bajo

timbales

los timbales

tambor

el tambor

teclado

el teclado

saxofón

el saxofón

flauta

la flauta

micrófono

el micrófono

zoológico
el zoológico

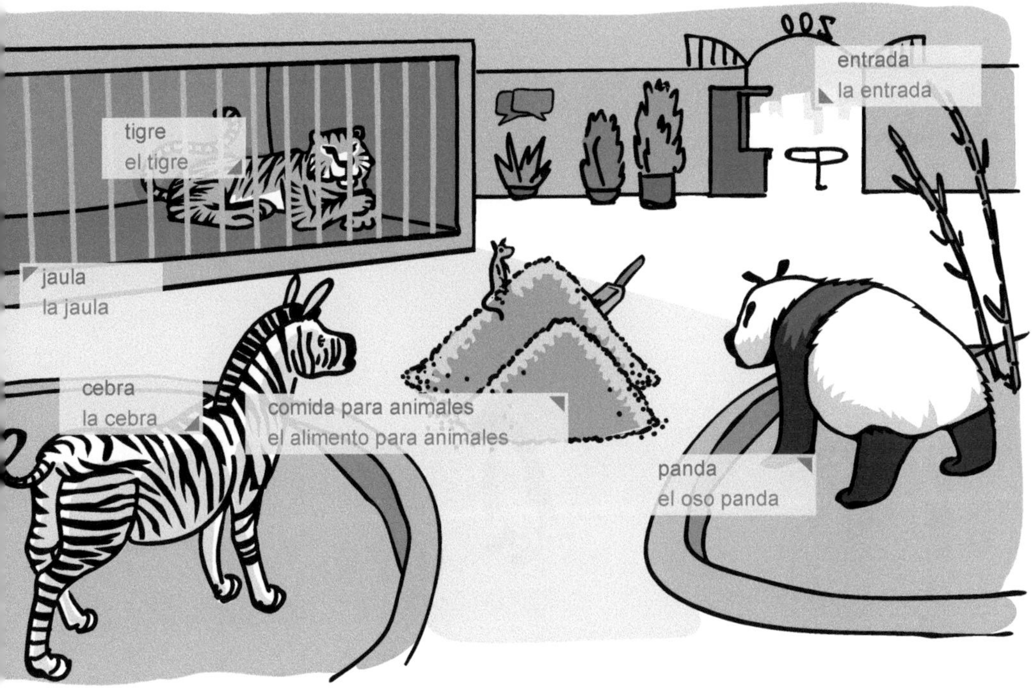
entrada
la entrada
tigre
el tigre
jaula
la jaula
cebra
la cebra
comida para animales
el alimento para animales
panda
el oso panda

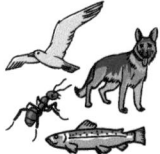

animales

los animales

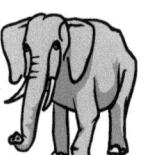

elefante

el elefante

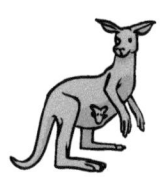

canguro

el canguro

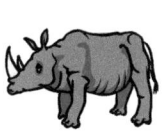

rinoceronte

el rinoceronte

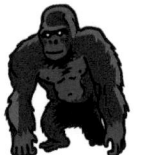

gorila

el gorila

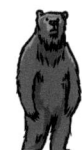

oso

el oso

camello

el camello

avestruz

el avestruz

león

el león

mono

el mono

flamengo

el flamenco

papagayo

el loro

oso polar

el oso polar

pingüino

el pingüino

tiburón

el tiburón

pavo real

el pavo real

serpiente

la serpiente

cocodrilo

el cocodrilo

cuidador del zoológico

el cuidador del zoológico

foca

la foca

jaguar

el jaguar

zoológico - el zoológico

pony

el poni

leopardo

el leopardo

hipopótamo

el hipopótamo

jirafa

la jirafa

águila

el águila

jabalí

el jabalí

pescado

el pescado

tortuga

la tortuga

morsa

la morsa

zorro

el zorro

gacela

la gacela

fútbol americano
el fútbol americano

ciclismo
el ciclismo

tenis
el tenis

baloncesto
el básquet

natación
la natación

boxeo
el boxeo

hockey sobre hielo
el hockey sobre hielo

fútbol
el fútbol

badminton
el bádminton

atletismo
el atletismo

balonmano
el handball

esquí
el esquí

polo
el polo

actividades
las actividades

reír
reír
saltar
saltar
abrazar
abrazar
caminar
caminar
cantar
cantar
soñar
soñar
rezar
rezar
besar
besar

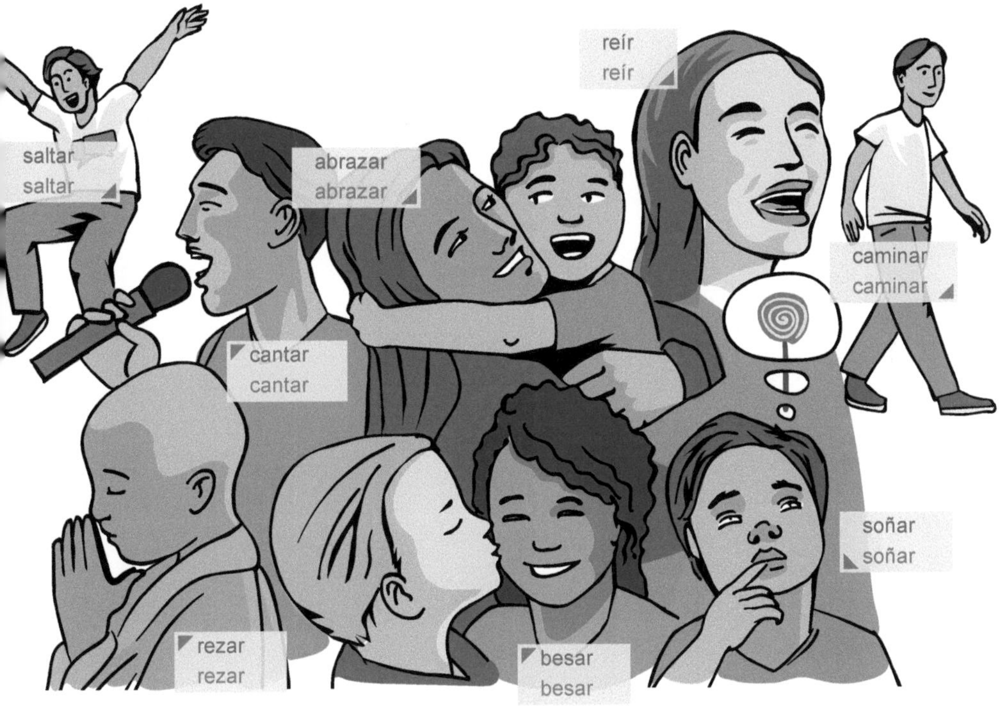

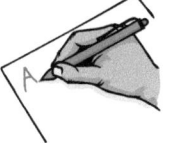

escribir
escribir

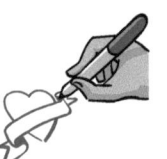

dibujar
dibujar

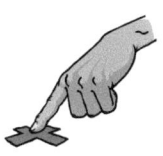

mostrar
mostrar

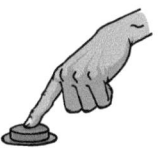

presionar
presionar

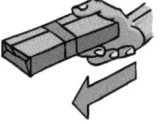

dar
dar

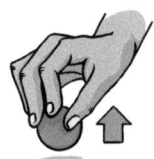

tomar
tomar

tener

tener

hacer

hacer

ser

ser

estar de pie

estar parado

correr

correr

tirar

tirar

arrojar

tirar

caer

caer

estar acostado

estar acostado

esperar

esperar

llevar

llevar

estar sentado

estar sentado

vestirse

vestirse

dormir

dormir

despertar

despertar

actividades - las actividades

mirar
mirar

llorar
llorar

acariciar
acariciar

peinarse
peinar

conversar
hablar

entender
entender

preguntar
preguntar

oír
escuchar

beber
beber

comer
comer

asear
ordenar

amar
amar

cocinar
cocinar

conducir
manejar

volar
volar

navegar

navegar

calcular

calcular

leer

leer

aprender

aprender

trabajar

trabajar

casarse

casarse

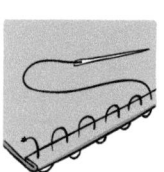

coser

coser

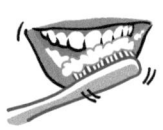

limpiarse los dientes

cepillarse los dientes

matar

matar

fumar

fumar

enviar

enviar

abuela
la abuela

abuelo
el abuelo

padre
el padre

madre
la madre

bebé
el bebé

hija
la hija

hijo
el hijo

invitado
el invitado

tía
la tía

tío
el tío

hermano
el hermano

hermana
la hermana

el cuerpo

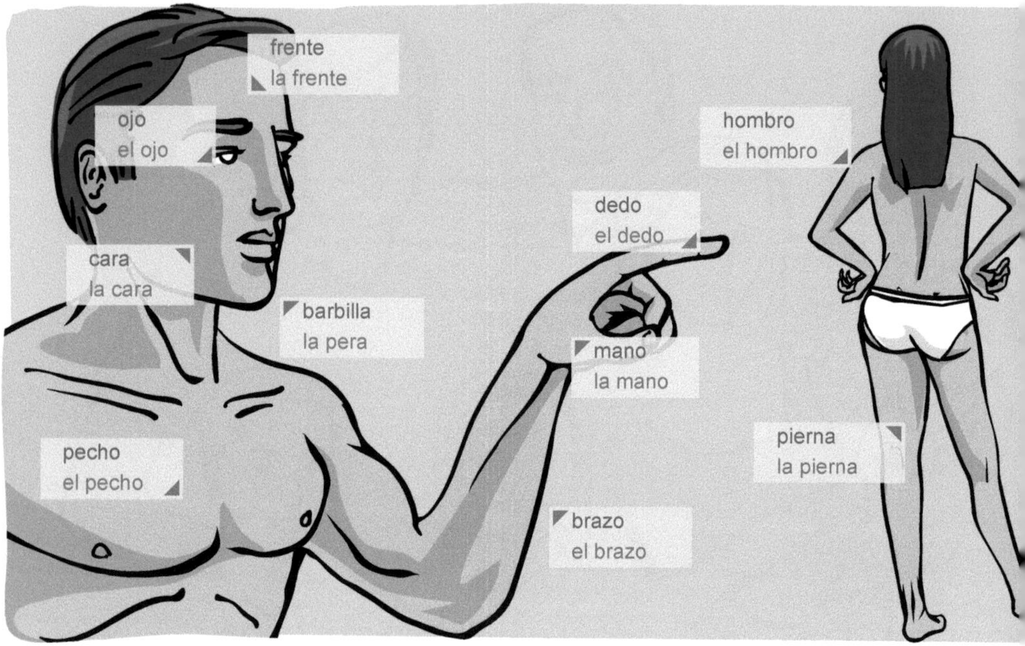

frente
la frente

ojo
el ojo

hombro
el hombro

dedo
el dedo

cara
la cara

barbilla
la pera

mano
la mano

pecho
el pecho

pierna
la pierna

brazo
el brazo

bebé
....
el bebé

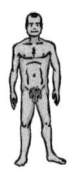

hombre
....
el hombre

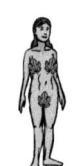

mujer
....
la mujer

muchacha
....
la nena

joven
....
el nene

cabeza
....
la cabeza

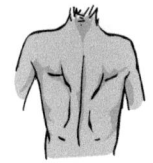

espalda
la espalda

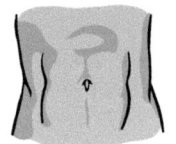

vientre
la panza

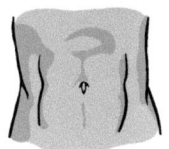

ombligo
el ombligo

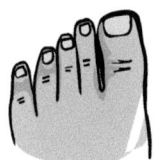

dedo del pie
el dedo del pie

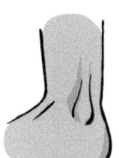

talón
el talón

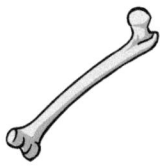

hueso
el hueso

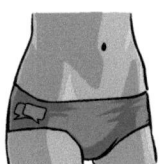

cadera
la cadera

rodilla
la rodilla

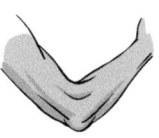

codo
el codo

nariz
la nariz

trasero
la cola

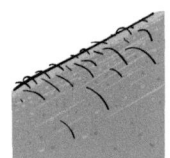

piel
la piel

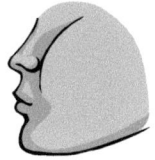

mejilla
el cachete

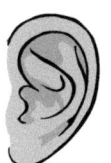

oreja
la oreja

labio
el labio

boca

la boca

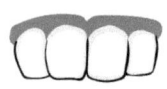

diente

el diente

lengua

la lengua

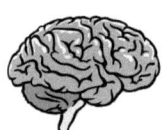

cerebro

el cerebro

corazón

el corazón

músculo

el músculo

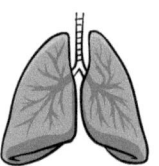

pulmón

el pulmón

hígado

el hígado

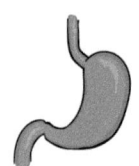

estómago

el estómago

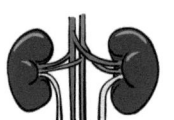

riñones

los riñones

relación sexual

el sexo

condón

el preservativo

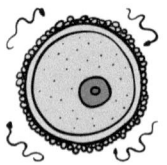

Óvulo

el óvulo

esperma

el semen

embarazo

el embarazo

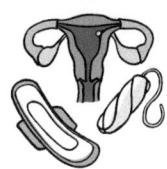

menstruación
la menstruación

vagina
la vagina

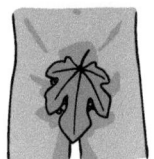

pene
el pene

ceja
la ceja

cabello
el pelo

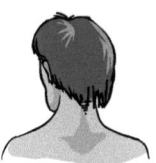

cuello
el cuello

hospital
el hospital

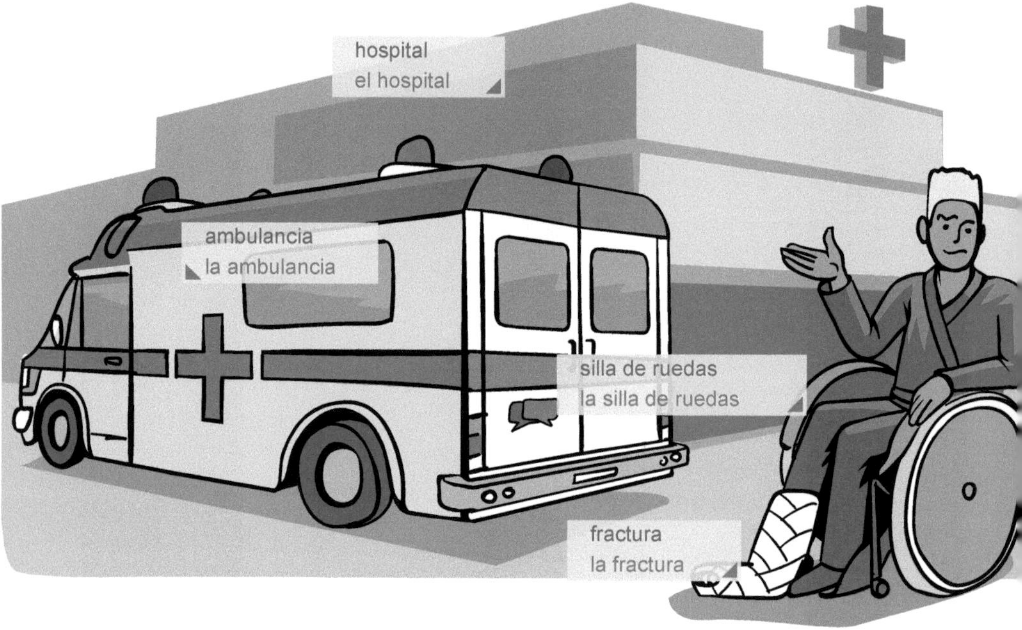

hospital
el hospital
ambulancia
la ambulancia
silla de ruedas
la silla de ruedas
fractura
la fractura

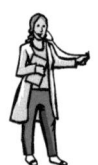

médico

el médico

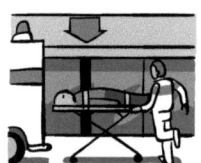

admisión de urgencia

la sala de guardia

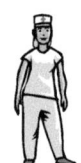

enfermera

la enfermera

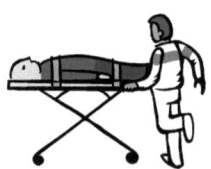

emergencia

la emergencia

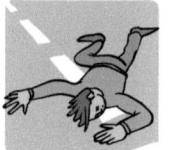

inconsciente

inconsciente

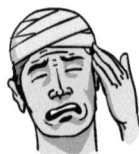

dolor

el dolor

lesión
la lesión

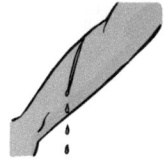

hemorragia
la hemorragia

infarto de miocardio
el infarto

apoplejía cerebral
el ACV

alergia
la alergia

tos
la tos

fiebre
la fiebre

gripe
la gripe

diarrea
la diarrea

dolor de cabeza
el dolor de cabeza

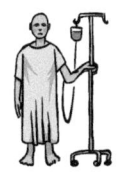

cáncer
el cáncer

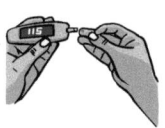

diabetes
la diabetes

cirujano
el cirujano

escalpelo
el bisturí

operación
la operación

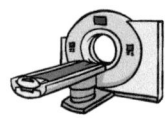

TC
la TC

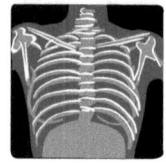

rayos X
los rayos x

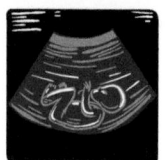

ultrasonido
la ecografía

máscara
el barbijo

enfermedad
la enfermedad

sala de espera
la sala de espera

muleta
la muleta

emplasto
la curita

vendaje
la venda

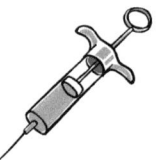

inyección
la inyección

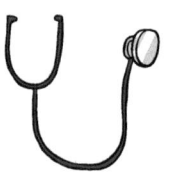

estetoscopio
el estetoscopio

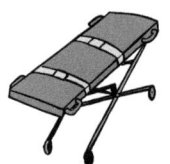

camilla
la camilla

termómetro
el termómetro

nacimiento
el nacimiento

sobrepeso
el sobrepeso

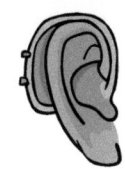

audífono
el audífono

desinfectante
el desinfectante

infección
la infección

virus
el virus

VIH / SIDA
el VIH / SIDA

medicina
el remedio

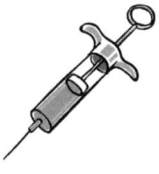

vacunación
la vacunación

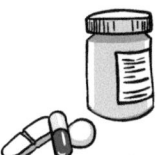

comprimido
los comprimidos

píldora anticonceptiva
la pastilla anticonceptiva

amada de emergencia
llamada de emergencia

medidor de presión arterial
el tensiómetro

enfermo / saludable
enfermo / sano

¡Ayuda!

¡Ayuda!

alarma

la alarma

asalto

la agresión

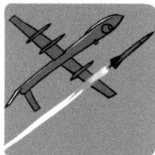

ataque

el ataque

peligro

el peligro

salida de emergencia

la salida de emergencia

¡Fuego!

¡Fuego!

extintor

el matafuego

accidente

el accidente

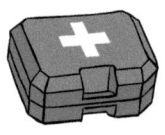

kit de primeros auxilios

el botiquín de primeros
auxilios

SOS

el SOS

Policía

la policía

Europa

Europa

América del Norte

América del Norte

América del Sur

América del Sur

África

África

Asia

Asia

Australia

Australia

Atlántico

el Atlántico

Pacífico

el Pacífico

Océano Índico

el Océano Índico

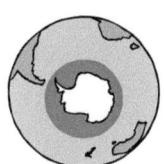

Océano Antártico

el Océano Antártico

Océano Ártico

el Océano Ártico

Polo Norte

el polo norte

Polo Sur

el polo sur

Antártida

la Antártida

Tierra

la Tierra

país

la tierra

mar

el mar

isla

la isla

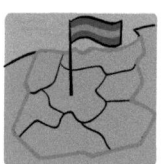

nación

la nación

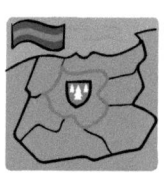

Estado

el estado

cuadrante

la esfera

horario

la manecilla de las horas

minutero

el minutero

segundero

el segundero

¿Qué hora es?

¿Qué hora es?

día

el día

tiempo

la hora

ahora

ahora

reloj digital

el reloj digital

minuto

el minuto

hora

la hora

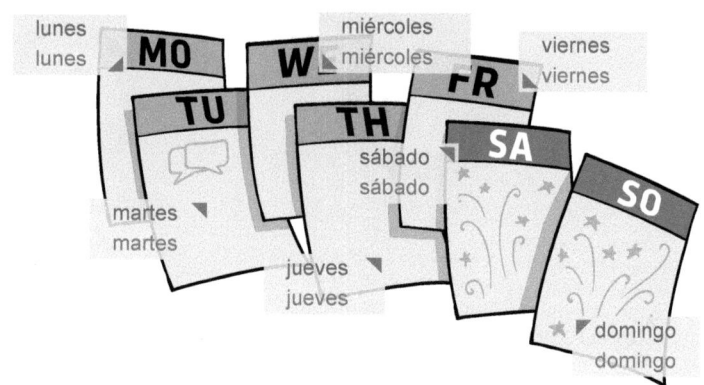

lunes
lunes

martes
martes

miércoles
miércoles

jueves
jueves

viernes
viernes

sábado
sábado

domingo
domingo

ayer
ayer

hoy
hoy

mañana
mañana

mañana
la mañana

mediodía
el mediodía

tarde
la tarde

jornada de trabajo
los días hábiles

fin de semana
el fin de semana

año

el año

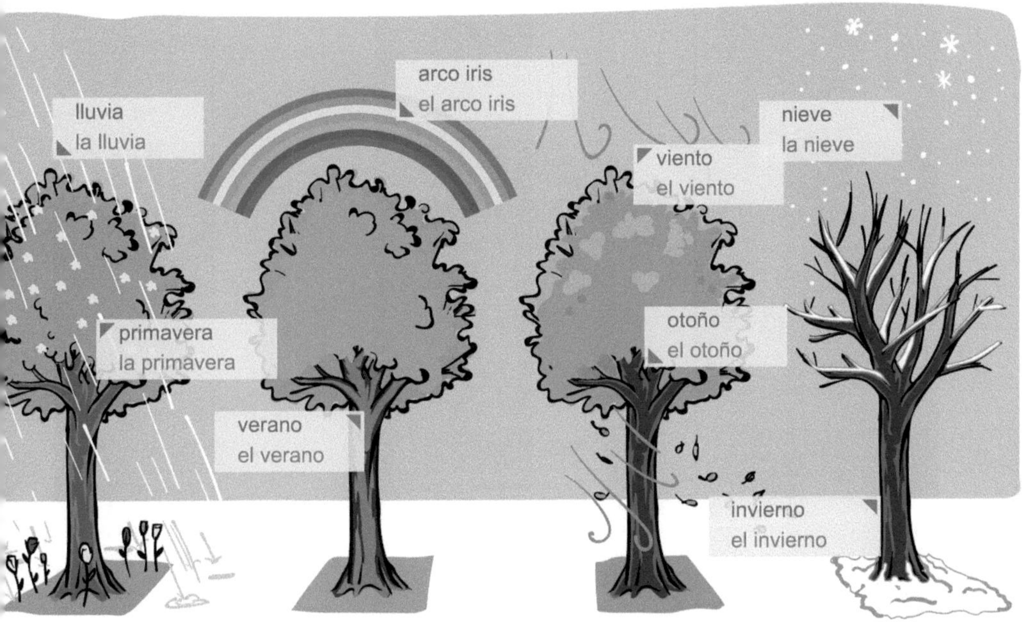

lluvia
la lluvia
arco iris
el arco iris
nieve
la nieve
viento
el viento
primavera
la primavera
otoño
el otoño
verano
el verano
invierno
el invierno

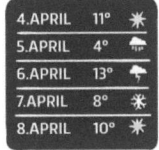

4.APRIL 11°
5.APRIL 4°
6.APRIL 13°
7.APRIL 8°
8.APRIL 10°

onóstico meteorológico

ronóstico meteorológico

F C
120 40
90 30
60 20
30 10
0 0
-30 -10
-20

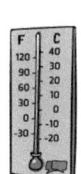

termómetro

el termómetro

luz solar

la luz del sol

nube

la nube

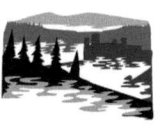

niebla

la niebla

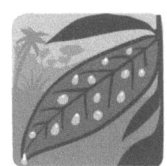

humedad ambiente

la humedad

relámpago

el rayo

trueno

el trueno

tormenta

la tormenta

granizo

el granizo

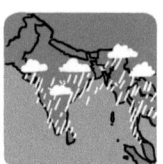

monzón

el monzón

inundación

la inundación

hielo

el hielo

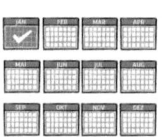

enero

enero

febrero

febrero

marzo

marzo

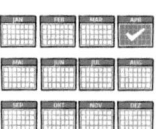

abril

abril

mayo

mayo

junio

junio

julio

julio

agosto

agosto

año - el año

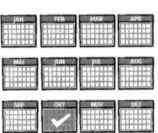

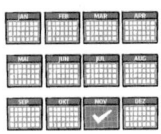

septiembre

septiembre

octubre

octubre

noviembre

noviembre

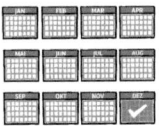

diciembre

diciembre

formas
las formas

círculo

el círculo

cuadrado

el cuadrado

rectángulo

el rectángulo

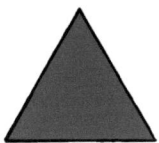

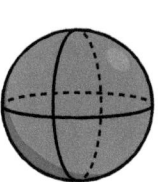

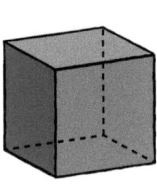

triángulo

el triángulo

esfera

la esfera

cubo

el cubo

blanco
....
blanco

amarillo
....
amarillo

anaranjado
....
naranja

rosa
....
rosa

rojo
....
rojo

lila
....
violeta

azul
....
azul

verde
....
verde

marrón
....
marrón

gris
....
gris

negro
....
negro

mucho / poco

mucho / poco

enojado / calmado

enojado / tranquilo

bonito / feo

lindo / feo

comienzo / fin

el principio / el fin

grande / pequeño

grande / chico

claro / oscuro

claro / oscuro

hermano / hermana

hermano / la hermana

limpio / sucio

limpio / sucio

completo / incompleto

completo / incompleto

día / noche

el día / la noche

muerto / vivo

muerto / vivo

ancho / angosto

ancho / angosto

disfrutable / no disfrutable

....

comestible / no comestible

malo / amigable

....

malo / amable

excitado / aburrido

....

entusiasmado / aburrido

gordo / delgado

....

gordo / flaco

primero / último

....

primero / último

amigo / enemigo

....

el amigo / el enemigo

lleno / vacío

....

lleno / vacío

duro / suave

....

duro / blando

pesado / liviano

....

pesado / liviano

hambre / sed

....

el hambre / la sed

enfermo / saludable

....

enfermo / sano

ilegal / legal

....

ilegal / legal

inteligente / tonto

....

inteligente / estúpido

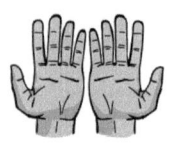

izquierda / derecha

....

izquierda / derecha

cercano / lejano

....

cerca / lejos

nuevo / usado
nuevo / usado

nada / algo
nada / algo

viejo / joven
viejo / joven

encendido / apagado
encendido / apagado

abierto / cerrado
abierto / cerrado

bajo / fuerte
silencioso / ruidoso

rico / pobre
rico / pobre

correcto / incorrecto
correcto / incorrecto

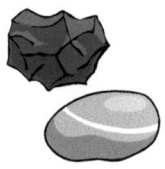

áspero / liso
áspero / suave

triste / alegre
triste / contento

breve / extenso
corto / largo

lento / veloz
lento / rápido

mojado / seco
mojado / seco

caliente / frío
caliente / frío

guerra / paz
guerra / paz

0	**1**	**2**
cero	uno	dos
cero	uno	dos

3	**4**	**5**
tres	cuatro	cinco
tres	cuatro	cinco

6	**7**	**8**
seis	siete	ocho
seis	siete	ocho

9	**10**	**11**
nueve	diez	once
nueve	diez	once

12

doce
doce

13

trece
trece

14

catorce
catorce

15

quince
quince

16

dieciséis
dieciséis

17

diecisiete
diecisiete

18

dieciocho
dieciocho

19

diecinueve
diecinueve

20

veinte
veinte

100

cien
cien

1.000

mil
mil

1.000.000

millón
el millón

inglés
el inglés

inglés estadounidense
el inglés americano

chino mandarín
el chino mandarín

hindi
el hindi

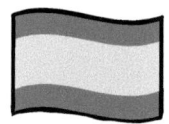

español
el español

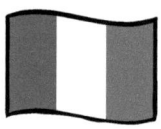

francés
el francés

árabe
el árabe

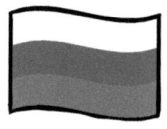

ruso
el ruso

portugués
el portugués

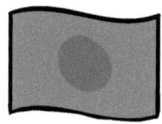

bengalí
el bengalí

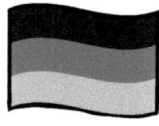

alemán
el alemán

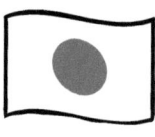

japonés
el japonés

yo

yo

tú

vos

él / ella

él / ella

nosotros

nosotros

vosotros

ustedes

ellos

ellos

¿quién?

¿quién?

¿qué?

¿qué?

¿cómo?

¿cómo?

¿dónde?

¿dónde?

¿cuándo?

¿cuándo?

nombre

el nombre

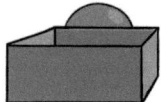

detrás
detrás

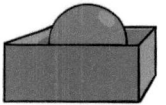

en
en

delante de
adelante de

encima de
por encima de

sobre
sobre

debajo de
debajo de

junto a
al lado de

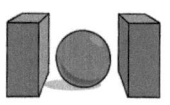

entre
entre

lugar
el lugar